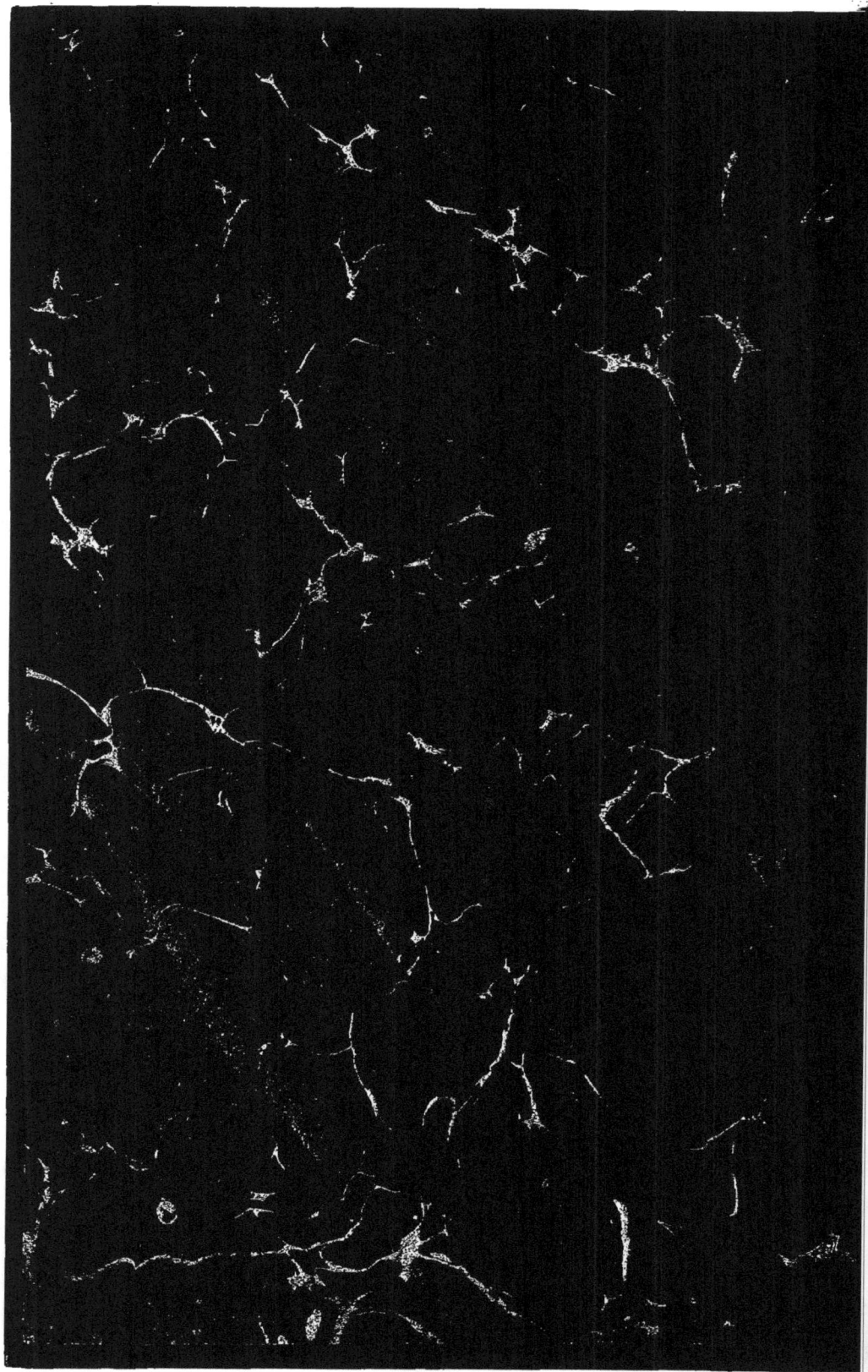

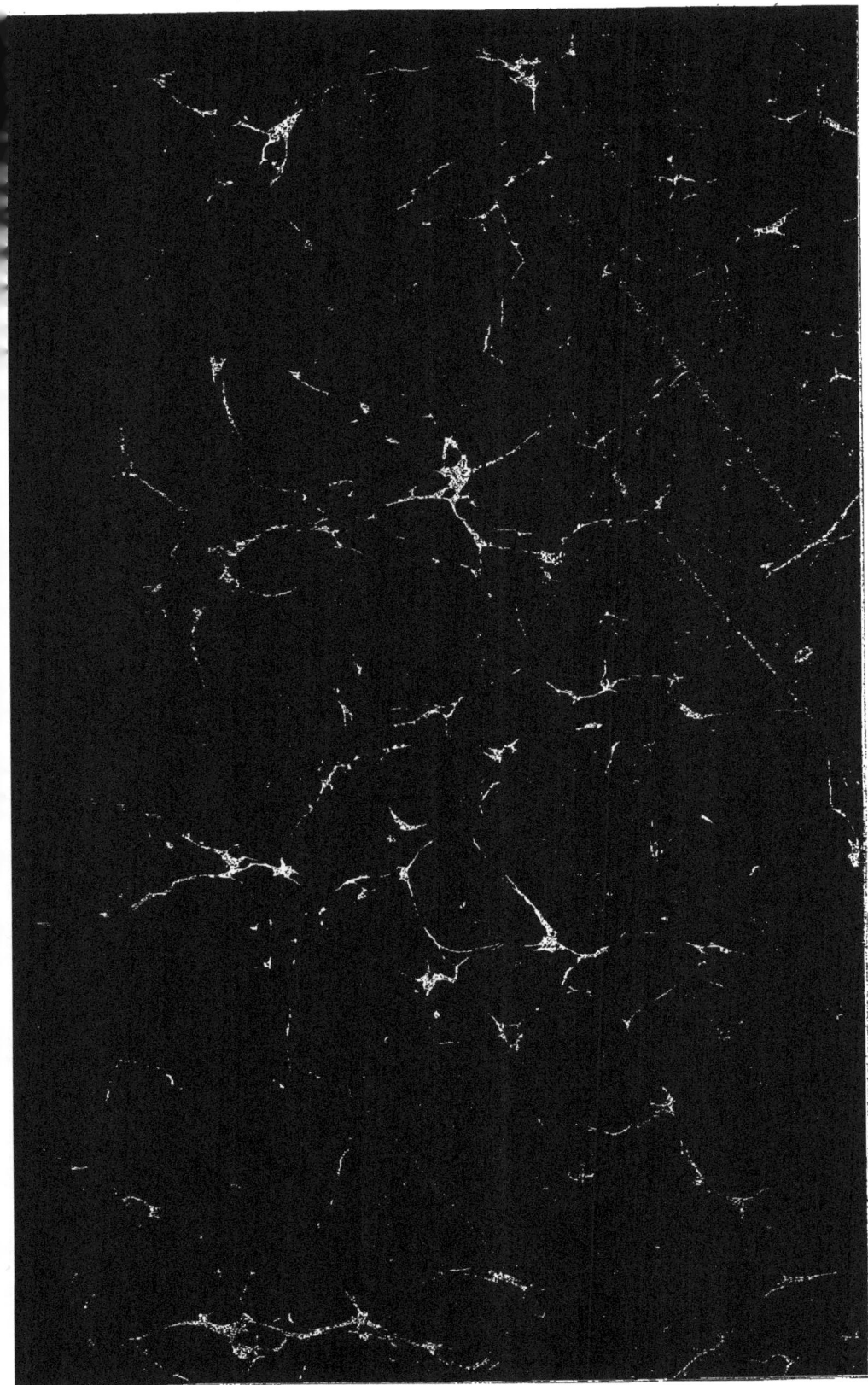

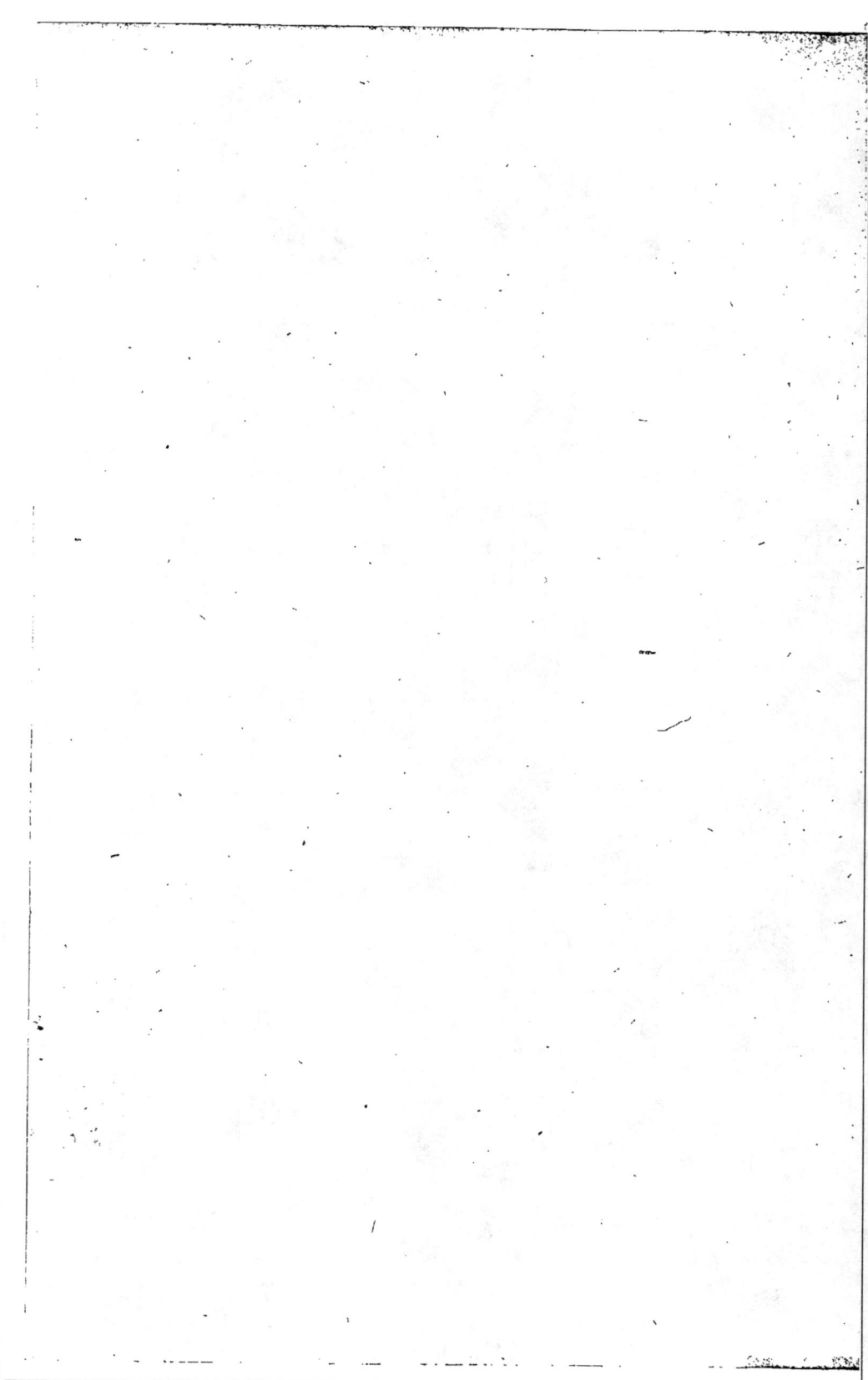

Voir : Notation musicale appliquée à l'histoire. 6 pl. gravées f. V 658
Aa.

26976

11 883

797

3 liv.

40 CENTIMES LA LIVRAISON.
UNE TOUS LES JEUDIS.

MÉTHODE FRANÇAISE,

Dédiée aux Français,

PAR M. FELIX LABBÉ,

HATONS-NOUS LENTEMENT.

Metitur terras oculis : nec cespite tantùm
Contentes fragili,subitos attollere muros,
Ingentes caules avulsaque saxa metallis,
Graiorumque domos, direptaque mœnia transfert
Extruitur quod non aries impellere sævus,
Quod non ulla queat violenti machina belli.

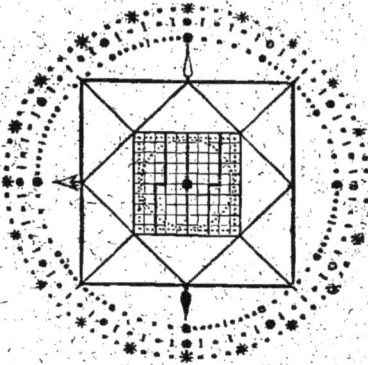

Livr. 1.2.

PARIS,

Au Bureau de la Méthode française,

RUE DE LILLE, 17.

1838.

IMPRIMERIE DE L. B. THOMASSIN ET COMP.,
Rue des Bons Enfants, 34.

———◦◦◦———

Dans cet ouvrage deux parties distinctes marcheront de front : la première, rigoureusement précise et méthodique, sera convenable à toute sorte d'études et d'enseignements, et particulièrement propre aux *maisons d'éducation*; la seconde à l'usage des familles et de toute personne qui dans les lectures se plaît à réunir l'utile et l'agréable.

L'une et l'autre d'ailleurs, constamment en rapport, formeront un tout régulier, strictement basé sur les principes de la méthode.

On trouvera au bureau de la Méthode française des tableaux et des traités particuliers, relatifs aux diverses applications de la méthode.

———◦◦◦———

COURS ET PUBLICATIONS HEBDOMADAIRES

Sous les Auspices de la Société de la Méthode Française.

40 c. la livrais.

48 livraisons.

POUR L'OUVRAGE.

Cours gratuits

et

COURS PARTICULIERS.

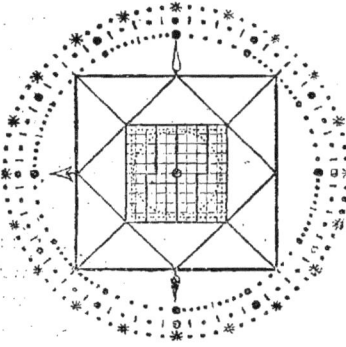

MÉTHODE FRANÇAISE,

OU

NOUVEL ENSEMBLE

des Connaissances Humaines,

ET

NOUVEAUX MOYENS D'ÉTUDE ET D'ENSEIGNEMENT,

Dédiée aux Français,

PAR M. FÉLIX LABBÉ,

Inventeur de la Méthode FÉl, imaginée en 1827; publiée, à Paris et en province, en 1830, et autorisée, en 1831, par l'Université de France. (*Décisions du Conseil royal*, 3 *mai* 1831.)

PROSPECTUS.

Dans une séance publique, présidée par un Inspecteur de l'Université de France, le secrétaire de la Société pour la propagation d'une *Méthode polonaise*, a dit devant une assemblée nombreuse : « Un étranger, venu en « France, y remarqua une grande lacune dans l'enseignement public, et

« ses profondes méditations produisirent la *Méthode polonaise*, dont nous
« venons d'admirer les merveilleux résultats. »

Nous, simple auditeur, ayant aussitôt demandé la parole, nous avons
répondu devant cette même assemblée : *Ce qu'on vient de dire n'est pas
exact. Ce n'est point un étranger qui importa cette Méthode en France; c'est
un Français qui en a imaginé le principe en 1827, et ce Français, c'est moi:
J'ai publié ma méthode en 1830, à Paris, quatre ans avant qu'il ne fût
question de la Méthode polonaise de M. Jazwinski.*

Aujourd'hui que nous complétons une méthode, que son véritable inventeur pouvait seul compléter, nous soutenons la même assertion en disant
que cette Méthode n'est point étrangère, qu'elle est véritablement *française,*
essentiellement *nationale*, et que c'est particulièrement à ce titre que,
dans son ensemble, nous la dédions aux Français, sous le nouveau
titre de *Méthode française*, certain, au moins, qu'elle ne déviera pas en
nos mains.

En dédiant ce nouvel ouvrage à nos compatriotes, nous les prenons pour
juges et pour arbitres. Notre première publication, entravée par la révo-
lution de 1830, nous occasionna de grandes dépenses que les circonstances
rendirent inutiles. Cependant, forcé d'interrompre la publication de notre
ouvrage, nous n'avons cessé, au milieu de toutes sortes d'entraves, d'y
travailler avec ardeur. Aujourd'hui, c'est après sept nouvelles années em-
ployées, à Paris, dans la retraite, à méditer et à perfectionner nos premières vues, que nous faisons un appel aux Français, dans l'espérance
qu'ils voudront bien accorder à nos travaux une protection à laquelle les
nombreux sacrifices que nous fîmes nous-même, dans un but d'utilité
générale, nous donnent peut-être d'honorables droits.

Quoi qu'il en soit, une idée mère est donnée. Offrant une immense quan-
tité de combinaisons, elle opèrera une refonte générale dans les travaux
historiques, chronologiques et géographiques; mettra de l'ordre et de
l'unité où il n'y avait que confusion et divergence, fera travailler toutes les
têtes et agir tous les bras. Dès aujourd'hui, que de personnes, se livrant à
de nombreux aperçus, se disent, les unes, auteurs de tel travail; les
autres, de tel traité; celles-ci, d'une application; celles-là, d'une rectification, etc., etc.

Eh bien! qui l'a donnée cette idée? Telle est aujourd'hui la question,
tel est surtout l'intérêt actuel, si celui qui l'a produite peut seul en développer les conséquences.

Hâtez-vous donc, messieurs les *inventeurs!* Habitez le bâtiment qui n'est
point achevé. Joignez, prématurément, à l'architecture informe, les orne-
ments réservés pour la fin du travail. Le véritable architecte va plus lentement : le plan devant les yeux, il s'assure des matériaux, et, établissant l'édifice

— 3 —

sur des bases larges et solides, il élève les étages, achève les masses, fait de justes dispositions; puis, parvenu aux accessoires, il livre l'édifice aux divers entrepreneurs... Vous croyez en être là, messieurs; nous, nous n'y sommes pas encore, mais notre doctrine pourra nous y conduire.

Dans un siècle de perfectionnement ou plutôt de fermentation et d'organisation universelle; dans un siècle instruit et éclairé, en général, par les faits, les méditations et les travaux de tant de générations éteintes, et, en particulier, par les exemples et les écrits de l'âge qu'il remplace; dans ce siècle enfin où tant de foyers rayonnent, où tant de productions abondent, où tant de divergences se froissent et se croisent, ne se formera-t-il rien qui réponde au besoin indispensable de concentration et de simplification que tout éprouve et réclame? Cela ne saurait être. Une telle lacune ne saurait exister plus long-temps. Cette phase brillante s'éteindrait dans la confusion, si du sein même de cette merveilleuse fécondité ne sortait ce qui peut en localiser, pour ainsi dire, et en préserver les fruits, la MÉTHODE DU SIÈCLE.

Par méthode nous entendons l'ensemble des moyens ou procédés propres à faire réussir, ou ceux par lesquels on a réussi.

La Méthode française, conçue et dirigée par l'auteur de la méthode Fél, soutenu et secondé lui-même par la *Société de la Méthode française*, est l'ensemble systématisé de toutes les connaissances humaines, envisagées d'abord comme une seule et même science, puis considérées chacune à part, comme partie de ce grand tout, *et traitées spécialement, quant aux moyens ou procédés de perception, d'étude et d'enseignement.*

A la fois générale et particulière, éclectique et positive, elle a pour but le bien-être des hommes, par une juste répartition des lumières ou extension de la vérité; pour base, la philosophie morale, religieuse et politique; pour objet, la science sociale; et pour auxiliaire, une sorte de mécanisme, simple échafaudage qu'on détache de l'édifice, dès qu'il commence à nuire ou qu'il devient inutile.

Aucun prospectus ne pouvant en donner une idée exacte et précise, nous renvoyons à *l'ouvrage*, dont nous aurons à développer nous-même le véritable sens dans les *cours* spéciaux que nous instituons à cet effet.

Ce que nous pouvons dire, c'est que, tout en faisant connaître la nature, la théorie et les diverses applications de la Méthode, *nous traiterons, en général, de tout ce qu'il est important de connaître; et, en particulier et régulièrement, de l'histoire de France et de l'histoire d'Angleterre; de la géographie générale; de la géographie de la France et de la géographie des Iles Britanniques; de la théorie du langage et de la langue française.*

Quant à la Méthode française proprement dite, quelques larcins qu'on ait pu lui faire, il est aisé de concevoir qu'étant toute personnelle, elle doit nécessairement avoir des vues, une marche et des applications différentes. Maintenant c'est aux faits et au temps à parler, comme ce sera au public à juger.

NOTA. Dans cet ouvrage, deux parties distinctes marcheront de front 1° Dans la partie supérieure des pages seront les traités réguliers des objets spéciaux, convenables à toutes sortes d'études et d'enseignements, et particulièrement propres aux MAISONS D'ÉDUCATION; 2° dans la partie inférieure de ces mêmes pages se trouveront plusieurs compositions et divers développements relatifs au tableau général ou d'ensemble : le tout conformément aux *principes* de la Méthode française.

COURS DIVERS.

L'auteur ouvrira, dans la seconde quinzaine de décembre, *différents Cours* pour l'exposition, le développement et les diverses applications de sa méthode, savoir :

1° Un *Cours gratuit* pour l'exposition de la Méthode, *tous les dimanches* de 1 heure à 2 heures. — Des places seront réservées pour les Dames ;

2° Un *Cours particulier pour les Hommes* (exposition, développement et diverses applications de la Méthode), *tous les mardis*, à 7 heures du soir. — Des places seront réservées pour les Dames.

3° Un *Cours particulier pour les Dames* (exposition, développement et diverses applications de la Méthode), *tous les jeudis*, à 7 heures du soir.

4° Les samedis, à 7 heures du soir, réunion des deux Cours particuliers pour une *Conférence* relative aux leçons antérieures ; ce qui fera, par semaine, deux leçons pour chacun de ces Cours. — Des places seront également réservées pour les Dames.

NOTA. — Les Dames qui préféreraient les leçons particulières pourront s'adresser à Madame Labbé.

PRIX
DE CHAQUE COURS PARTICULIER,

Deux fois par semaine.

8 francs par mois,
20 francs pour trois mois,
36 francs pour six mois,
Payables d'avance.

ON S'INSCRIT POUR LES COURS
RUE DE LILLE, 17,

tous les jours, de midi à trois heures,

Chez M. FÉLIX LABBÉ, où l'on pourra se procurer des prospectus et les informations nécessaires.
Les Dames peuvent aussi se faire inscrire, rue Ventadour, 4, chez Mlle Dulac.

PARIS. — IMPRIMERIE DE L. D. THOMASSIN ET COMP., RUE DES BONS-ENFANTS, 34.

Conditions de la Souscription.

1° Cette publication comprendra 48 livraisons, chacune de 16 pages in-8°, auxquelles seront ajoutées des planches lithographiées de même format.

2° Les grands tableaux indispensables seront comptés à part comme livraisons.

3° A dater du 23 décembre 1837 il sera publié une livraison par semaine et quelquefois deux.

4° Le prix de chaque livraison est isolément de 40 centimes pour Paris et de 50 centimes pour les départements.

5° Les Abonnés qui, en souscrivant, paieront d'avance douze livraisons, es auront chacune à 30 centimes.

6° Les soixante premiers Souscripteurs qui paieront d'avance, au bureau de la Méthode, la somme des 48 livraisons, les auront chacune à 25 cent.

ON SOUSCRIT A PARIS,

Au Bureau de la Méthode Française, rue de Lille, 17 ;

Chez Johanneau, Libraire, rue de l'Arbre-Sec, 15 ;

ET CHEZ MM.

Barbe, galerie de l'Odéon, 13 ;
Bonnaire, boulevart Poissonnière ;
Boulard, rue Saint-Antoine, 116 ;
Bouquin de La Souche, passage Vendôme ;
Bréauté, passage Choiseul, à la librairie des pensions, 39 ;
Chaumerot, Palais-Royal, galerie d'Orléans, 4 ;
Delavigne, passage de l'Ancre, 34 ;
Delaunay, péristyle Valois, 182-183 ;
Delloye, place de la Bourse, 13 ;
Mad. Ve Desauge, rue Jacob, 5 ;
Deschamps, galerie Vivienne, 5 ;
Mad. Ve Th. Desoer, rue de Seine, 10 ;
Ferrier, passage Bourg-l'Abbé, 18 ;
Foullon, cour du Commerce, 4 ;
Gauthier, boulevart Bonne-Nouvelle, vis-à-vis le Gymnase ;
Grimprelle, rue Poissonnière, 23 ;
Herbault, rue du Bac, 4 ;
Mesd. Labbé, rue de la Verrerie, 59 ;
J. Laisné, passage Véro-Dodat ;
L. Mame, rue Guénégaud, 23 ;
Mad. Marcel, rue du Cherche-Midi, 4 ;
Martinon, rue du Coq Saint-Honoré, 4 ;
Le Moine, place Vendôme, 24 ;
Paul, galerie de l'Odéon, 12 ;
Pilout, rue de la Monnaie, 22 ;
Poirée, rue Croix-des-Petits-Champs, 3 ;
Prevost, rue Bourbon-Villeneuve, 61 ;
Rossignol, rue des Filles-Saint-Thomas, 1 ;
Travers, rue Saint-Jacques, 54 ;
Verger, rue Saint-Jacques, 154 ;

MÉTHODE FRANÇAISE. — Bulletin de Souscription.

Je soussigné   domicilié à

département de

déclare souscrire pour   exemplaires

ou   livraisons, que je paierai en recevant, suivant

les conditions énoncées au prospectus ci-dessus.

Ce   183

Signature.

---

(1) Pour recevoir les livraisons, il faut détacher ce feuillet, remplir ce bulletin de souscription, et le mettre a la poste plié et cacheté.

Monsieur

M. Félix Labbé,

Rue de Lille, 17,

A Paris.

MÉTHODE FRANÇAISE.

Les formalités légales ont été remplies, et tout contre-facteur sera poursuivi. **F. L.**

On trouvera au Bureau de la *Méthode française* des Tableaux et des Traités particuliers, relatifs aux diverses applications de la *Méthode*, avec les Prospectus respectifs.

Des Cours permanents sont institués pour la propagation de cette Méthode, et des professeurs seront désignés pour en exposer les principes et en développer les conséquences.

Imprimerie de L. B. Thomassin et Compagnie, rue des Bons-Enfants, 34.

MÉTHODE FRANÇAISE,

ou

NOUVEL ENSEMBLE

DES CONNAISSANCES HUMAINES,

ET

NOUVEAUX MOYENS D'ÉTUDE ET D'ENSEIGNEMENT,

Dédiée aux Français,

PAR M. FÉLIX LABBÉ,

Inventeur de la Méthode FEL, imaginée en 1827; publiée, à Paris et en province, en 1830, et autorisée, en 1831, par l'Université de France: (*décision du Conseil royal, 3 mai 1831.*)

Metitur terras oculis: nec cespite tantùm
Contentus fragili subitos attollere muros,
Ingentes cautes avulsaque saxa metallis,
Graiorumque domos, direptaque mœnia transfert.
Extruitur quod non aries impellere sævus,
Quod non ulla queat violenti machina belli.

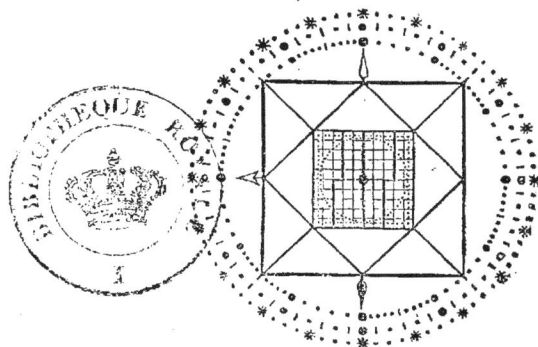

A PARIS,

Au Bureau de la Méthode française,
RUE DE LILLE, 17;

CHEZ JOHANNEAU, LIBRAIRE, RUE DE L'ARBRE-SEC, 15,

Dans les Dépôts de Publications et chez tous les Libraires.

———

1837.

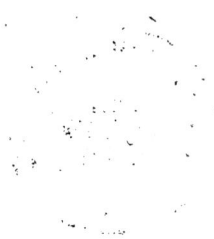

AUX FRANÇAIS. (27—d) (1)

To kinder skies, where gentler manners reign,
Turn; and France displays her bright domain.
. . . .
There's are those arts that mind to mind endear
For honor forms the social temper here. (2)

Le vent des circonstances, souffle d'une puissance inef-
fable, me porta loin de mon pays. Treize ans, je foulai un
sol étranger, et, treize ans, je rêvai un retour que je crus
illusoire. Un jour, errant sur les bords d'un fleuve lithua-
nien, je me représentai la Seine aux rives fleuries, et sou-
dain, ma pensée s'étendit comme le cercle ondoyant d'un
lac profond dont la chute d'une pierre vient d'agiter la
molle et paisible surface. Puis, prenant un crayon, je traçai
sur la page d'un *dziennik Vilinski* : (5) :

> O ma patrie, ô belle France!
> Loin de toi je passe mes jours.
> Beaux lieux, berceau de mon enfance,
> Vous ai-je quittés pour toujours?

Je l'ai revue, cette France chérie. Dire avec quel trans-
port, c'est impossible... Aspect, mœurs, esprit, visages,
tout était changé; tout, et moi-même, peut-être plus que
tout le reste.

Cependant, fidèle à mes penchants, à mes livres chéris, à
ma sauvage indépendance, il fallut, au milieu d'un étonnant

---

(1) Ces sortes de renvois ont rapport au tableau d'ensemble, qui pa-
raîtra bientôt.

(2) La traduction des diverses épigraphes sera donnée en temps et
lieu.

(3) Sorte de journal publié à Wilna.

conflit social, se frayer une nouvelle existence. Dire par combien de peines, c'est encore impossible.

O Français, vous criez à l'égoïsme, et vous ayez raison. C'est un chapitre fécond en remarques ; nous y reviendrons souvent dans notre méthode.

Quant à ces sortes de tribulations, j'ai souvent pensé qu'elles servent merveilleusement à connaître les hommes, but que nous nous proposâmes il y a bien long-temps. A d'autres la science vulgaire ; à d'autres l'aisance, le savoir-faire et la considération ; à nous notre expérience, nos fantasques études ; et aux Français, le fruit de notre pensée.

Belle offrande, vraiment ! diront quelques esprits caustiques. Tout beau, messieurs, attendez un peu, je vous prie ; vous aurez de quoi dire, et surtout de quoi faire. Il y aura pour tout le monde ; vous pourrez même nous aider ; mais, comme la route que nous avons à suivre est, par elle-même, très-difficile, veuillez nous laisser prendre l'avance, et nous juger sur l'ensemble, plus que sur les détails. La *présomption* est *inhérente* à l'*individualité humaine*. Nous prétendons souvent juger, sans appel et d'un seul coup d'œil, ce qui peut demander des années d'examen. Habitués que nous sommes à un certain ordre d'idées, non contents d'y conformer toutes nos opérations, nous voulons que les autres y conforment les leurs ; et, d'après ce type personnel, est jugé tout ce qui se présente. Telle est la marche de l'esprit humain, et telle est en même temps la cause de ses progrès et de ses longues et fréquentes stations..... Mais il s'agit d'une dédicace, et non d'une dissertation philosophique. Revenons à notre sujet..... noble sujet !..... Parler à tout un peuple ! à une grande nation !

Français ! ô mes compatriotes, que vous dirai-je ? Comment vous parlerai-je ? Le sentiment et la pensée semblent en moi se disputer l'empire... Celle-ci l'emporte, et l'autre, comme par respect pour l'acte de la méditation, se retire avec l'enthousiasme dont il venait embraser mon âme. Eh bien,

noble pensée, divine émanation, que me veux-tu ? La raison
que ton centre rayonne a moins de feu et d'éclat que le brûlant
enthousiasme qui vient et fuit avec tant de rapidité. Mais aussi
sa lumière est plus douce ; semblable au doux reflet de l'as-
tre de la nuit, elle éclaire sans éblouir. Oui, je reconnais ta
céleste influence, et cède à tes graves inspirations. Dis-moi :
les Français, qu'est-ce que ce mot ? qu'est-ce que la chose ?...
Les Français..... Des hommes, un pays, des lois, un régime,
un roi, des grands et des petits, des riches et des pauvres,
des gens admirables, des femmes respectables, des êtres
francs, loyaux et probes ; et puis çà et là, mais en plus petit
nombre, heureusement, des pervers, des fourbes, des misé-
rables, des sots orgueilleux, des fripons, des voleurs, et,
comme chez tous les peuples, peut-être des assassins ; des
êtres abjects, hommes et femmes, se traînant dans la fange,
et tâchant d'y entraîner ceux qu'ils peuvent approcher.....
Arrière !... arrière, malheureux ! l'opprobre vous affaisse,
l'avenir vous attend..... Arrière !... mot terrible pour qui
le mérite ! Non ; changez : il en est toujours temps ; devenez
meilleurs, prenez-en seulement la résolution, et alors vous
serez Français, et c'est à vous aussi que je parle.

Et toi, douce innocence, belle et riante jeunesse, charme
de l'âge présent, espoir d'une nouvelle génération, salut !
Et vous aussi, petits enfants riant, pleurant, criant, mar-
chant, sautant ; charmants petits, salut ! Salut, petits
amis, vous êtes Français !

Français !... et le mot Française, si doux à l'oreille, plus
doux encore à la pensée ; ce mot, si cher à l'imagination,
compris dans la généralité, serait-il exclu de ces lignes ?
Sexe enchanteur, tu ne pourrais le croire, tant l'hommage
qu'on te rend est légitime. Salut à ton gracieux sourire, à ta
beauté, à ta puissance fondée sur les vertus ! Jeunes Français, jeunes Françaises, belle jeunesse, salut ! La douce pers-
pective de ton brillant avenir suffit pour consoler de tous les
maux. Mais regarde, il est plusieurs voies devant toi. Il en

est de bonnes, il en est de mauvaises, et mille sentiers conduisent des unes aux autres, et ceux qui sont égarés, et ceux qui se laissent égarer, tandis que..... Mais cela devient encore de la morale ; c'est trop lourd dans une dédicace. Dame pensée, avis à toi.

Nous disions donc que les Français, c'est tout ce que nous avons dit, et mille autres choses que l'on peut dire encore, sans parler des phénomènes de l'histoire.

Nous avons aussi un autre point de vue : les gouvernants et les gouvernés ; grande et majestueuse échelle, dont la noble sommité est un roi, et le reste un grand peuple ; où, d'échelon en échelon, se voient des employés, des agents, des officiers, des magistrats, des ministres, et, entre tous et avec tous, la masse, l'ensemble, l'individualité ; les états, les conditions, les professions ; les insignifiants et les notables ; les célébrités, et tout ce que l'œil observateur sait découvrir ; et, comme ce vaste ensemble ne renferme pas que des Français, salut aux étrangers ! Mais ici double salut aux Français ! Salut au roi et à sa dignité ! Salut au peuple, aux magistrats et à l'armée ! Salut à tous les Français ! Salut, trois fois salut, gloire, honneur et bonheur à la France !!!

Un de ses enfants.

Paris, 13 décembre 1837.

AVANT-PROPOS.

Qui me audituri tacito nunc ore sedetis,
Cives Romulei, purpureique patres,
Præsentes priùs oro mihi succurrere Divos,
Atque duces linguæ, dùm loquor, esse meæ,
Dicere quod culpem, nil me pariantur;....

   Je me crois obligé de prévenir une partie des objections que les personnes instruites et sensées seraient en droit de me faire d'après le titre et le prospectus de mon ouvrage.

   Qui donc êtes-vous, me dira-t-on, pour oser, seul, entreprendre un semblable travail; et quelle garantie avons-nous pour la réussite d'une telle entreprise? A cela je répondrai en peu de mots que ce n'est qu'après de mûres réflexions que je me suis lancé dans cette carrière, dont personne plus que moi ne connaît la difficulté, mais dont rien ne saurait me détourner; qu'ayant prévu la plupart des objections, j'aurais très-volontiers allégé ma tâche en retranchant de mon plan, mais qu'alors j'eusse manqué mon but, et que l'ouvrage dont je sentais le vide eût toujours manqué; que, quelque faible qu'en puisse être l'exécution, je ne manquerai guère que dans les détails, le plan et l'ensemble étant assez largement et assez exactement donnés, et le perfectionnement étant une tâche que je lègue à la postérité, en priant mes contemporains de m'aider à la lui transmettre aussi légère qu'il se pourra: Dire que, de mon côté, je ferai tout ce que me permettront mes ressources et mes facultés, c'est la seule promesse que je puisse faire, et c'est aussi le seul engagement que je prends envers le public, dont l'intérêt devient ici doublement le mien.

Quant à la question de garantie, voici une réponse qui n'est pas sans quelque poids. Lorsqu'en 1827 je voulus étudier l'histoire plus sérieusement que je ne l'avais fait jusqu'alors, je me procurai tous les livres qu'il me fut possible; et, dans aucun je ne trouvai ce que je désirais, quant à la méthode. Sous ce rapport, je vis que la science y était dans son enfance. Je fus d'autant plus frappé de cette imperfection, que dans mes recherches je m'attendais à tout autre chose. Pouvais-je, en effet, penser que des personnes, dont je voyais le talent briller sur tant d'autres points, eussent pu travailler si long-temps sur un aussi mauvais fond, lorsqu'il s'agissait du plus important de tous les objets. Je vis, à la vérité, des matériaux, de belles coupes, de beaux corps d'histoire, de très-bons préceptes même; mais peu de science historique, et surtout point de cadre ni de fond pour l'ensemble.

D'un autre côté, considérant la Géographie, je fus plus satisfait, sans l'être cependant entièrement. Je vis au moins des cartes méthodiques, rationnelles; des cartes basées sur la nature même des choses et sur la science qui les mesure, les compare et les représente. Voilà le bon côté. Je n'eus là qu'à admirer et à suivre. Ce que j'eus à blâmer, d'une autre part, c'est que, s'étant depuis long-temps borné à ces belles données, l'on était loin d'en avoir tiré tout le parti possible, et qu'une parfaite application de la précieuse invention des cartes géographiques était encore à faire.

Voilà une partie de mes remarques, quant à ces deux sciences. Que dirai-je des autres? Que dirai-je, par exemple, de la Morale, de la Philosophie, des Mathématiques pures, de la Rhétorique? Je crus, en vérité, que le libraire auquel j'avais, à mon arrivée, recommandé de me faire venir les meilleurs livres classiques, je crus, dis-je, qu'il s'était moqué de moi, en me remettant le classique paquet venu tout exprès de la capitale. Il est vrai que, suivant un abus assez ordinaire, le libraire et son correspondant avaient dans ce choix plus consulté leur intérêt que celui du demandeur.

Cependant, d'après ces considérations, je résolus de créer un système et des cartes qui fussent pour l'histoire ce que sont pour la géographie les diffé-rentes cartes qui s'y rapportent.

Ensuite je voulus réduire en système uniforme et régulier la juste application des cartes géogra-phiques à l'étude et à l'enseignement de toutes les parties de cette science. Tel est, en effet, le plan dont ma méthode Fél offre une première exécution, sous le titre de *première livraison*. Je ne parle point ici des autres idées qu'elle renferme, mais je puis prouver que j'étais assez sûr du résultat, puisque

la première et la plus simple application me valut
ce remerciment d'une jeune personne avec les pa-
rents de laquelle j'avais parié d'avance en faveur
du succès de cette méthode. Voici la lettre copiée
textuellement :

« Monsieur,

« J'ai eu le premier prix de géographie de ma division.
« Je n'ai pas fait une seule faute dans mes compositions, ni
« même dans l'examen. J'ai bien à vous remercier, Monsieur,
« des soins que vous m'avez prodigués, car c'est à vous que
« je dois les succès que j'ai obtenus; il est bien juste que je
« vous en rende hommage. *Selon les conventions que nous*
« *avons faites, je vous envoie un panier de pommes.*

« Mélanie avance-t-elle dans l'anglais ? Êtes-vous content
« de Zoé ?

« Adieu, Monsieur, j'ai l'honneur d'être votre
« soumise et dévouée élève.   G.

« Paris, ce 23 août 1827. »

Cet heureux résultat d'une première application date de l'origine de la méthode ; et ce fut à
l'occasion même de cette jeune personne que j'en
commençai la rédaction.

Voici des témoignages plus récents d'une personne également connue, et très-respectable. La
méthode Fél était alors imprimée. Une mère,
femme d'un grand mérite, en faisait l'application
sur ses enfants, sans autre secours que le livre
assez peu développé, et son propre jugement, à la
vérité excellent. C'est la mère de cette dame qui
parle dans les lignes suivantes

« .... Madame S'" me mande, Monsieur, que votre
« méthode réusssit bien pour ses enfants, et qu'ils en sont
« enchantés, etc.

« Agréez, etc. Veuve A. L.

« 4 juin 1831. »

Dans le reste de la lettre on me demande la suite
de ma méthode, ou bien des livres qui puissent
cadrer avec elle pour le développement de la partie
historique.

J'extrais le fragment suivant d'une lettre pos-
térieure :

« 18 août 1831.

« Vous apprendrez sans doute avec plaisir, Monsieur, que
« les enfants de madame L'" font de rapides progrès par
« votre méthode, et que cette étude se fait avec le même
« plaisir que le jeu le plus amusant..., etc. »

Ici l'on me prie instamment d'envoyer ce que
je pourrais avoir de prêt, quant à la suite de la
géographie.

Je ferais des chapitres si je voulais rapporter
tout ce que dirent les personnes qui voulurent
bien prêter à l'examen de cette méthode l'attention et le temps qu'exigent de semblables ma-
tières.

Cependant, appuyé de ces faits, et fort de ma
propre conviction, je vis à Paris des chefs d'in-
stitution, des libraires. Je frappai à toutes les portes,
à celle même d'une Société des Méthodes, et toutes
restèrent closes. Temps, dépenses, démarches, pa-
roles, tout fut inutile, et tout alors m'aurait per-

suadé que la pauvre méthode avait tort, si toutefois
l'on se fût donné la peine de l'entendre.

Il est vrai que les circonstances n'étaient point
favorables. Aussi, l'épuisement de mes ressources
et de ma santé amenant le dépit, sinon le décou-
ragement, je me fis, au beau milieu de Paris, une
profonde retraite où j'enfermai ma méthode, avec
beaucoup de livres et beaucoup de musique, croyant
y passer de longs jours en véritable ermite. Mais
l'homme propose et......... voilà qu'un beau ma-
tin, en certain arrondissement, devant M. le maire
et compagnie, une jeune descendante de notre mère
commune eut la bonhomie de se laisser prendre
au mot sur un pauvre petit *oui* qu'elle venait de
prononcer tout bas. De ce moment j'eus une aide;
mes idées se fixèrent, et la méthode, l'emportant
sur la musique, devint presque gigantesque.

Cependant quelques années s'écoulèrent, les
troubles politiques s'apaisèrent, et, avec le calme
reparut, en d'autres mains, ma méthode vêtue d'un
nouveau frac, riante et gracieuse sous les auspices d'un bel enfant rempli d'intelligence.

Cette fois elle fit merveille. On présentait, non
la simple exposition d'une froide théorie, que n'est
pas toujours propre à suivre une tête occupée, ou
distraite, ou paresseuse, ou fatiguée et souvent,
à la fois noble sujet de tous ces attributs; on présentait donc, dis-je, non une simple théorie, mais
des résultats surprenants, un savoir immense,
sortant à volonté d'une jeune tête de neuf ans, au

gré des diverses interpellations d'un auditoire nombreux et souvent renouvelé. Ces faits sont trop récents pour être oubliés, et, fussent-ils effacés de la mémoire, les rapports et les signatures de presque toutes les sociétés savantes peuvent au besoin les constater.

Maintenant que conclure de ces faits?

1° Qu'il faut examiner pour connaître ce qui demande du temps et de l'attention.

2° Que ce qui parle aux yeux et à l'imagination se remarque bien plus promptement, et qu'il est souvent moins facile de juger une chose par elle-même que par ses résultats; mais que, pour la juger réellement, il faut toujours y revenir; car, les résultats s'obtenant de différentes manières, on ne saurait, sous peine de porter des jugements erronés, les prendre pour unique base de ses décisions.

3° Que l'auteur, dont les premières vues et le premier ouvrage ont pu offrir des choses utiles et véritablement nouvelles, peut, après sept années d'un nouveau travail, en présenter encore d'avantageuses, et par cela même offrir des garanties.

4° Enfin, qu'aujourd'hui je me trouve comparativement, dans le même cas que lors de ma première publication, mais dans des circonstances plus heureuses et avec l'expérience du passé. La première fois, je pensais bonnement qu'un ouvrage inconnu qu'on faisait imprimer sans nom d'auteur ni d'éditeur, et sans s'assurer du placement d'un seul exemplaire, allait se vendre, s'enlever même comme le pain en temps de disette. Cette fois j'ai pris des mesures. En publiant un nouvel ouvrage, j'ai réclamé de mes compatriotes un appui sans lequel il m'eût été impossible de réaliser un plan immense. Ce plan, communiqué, fut généralement approuvé. Un assez grand nombre de personnes, aussi recommandables par leurs talents et leur caractère que par leur position sociale, ont bien voulu se constituer en une société dite *de la Méthode française*. Qu'elles me permettent de leur en faire publiquement mes remerciments, et de consigner ici l'expression de ma reconnaissance.

A la première réunion de cette société, il fut prononcé un *discours* dont l'extrait suivant pourra faire connaître dans quel esprit la *Méthode française* est conçue et dirigée :

« 1.—L'utilité et la vérité doivent être le mobile de toute chose.

« 2.—Hâtons-nous lentement.

« 3.—Il n'y a de suranné et de trivial que ce qui est inutile.

« 4.—Le monde n'est qu'une grande famille, et tous les peuples doivent être unis.

« 5.—La religion est le plus noble des sentiments; et la morale, la première des sciences.

« 6. — Apprendre à se connaître et à connaître les autres, tel est le premier point de la morale.

« 7.—La logique est la clé des sciences, comme elle est la voie de toute bonne conduite.

« 8.—L'esprit humain est borné dans son étendue, mais il est infini dans son perfectionnement.

« 9.— L'esprit humain ne se trompe qu'en détail, en somme on peut le prendre pour juge.

« 10. — Les beaux et grands discoureurs sont presque toujours les esprits les plus faux. Leur influence est dangereuse, parcequ'ils imposent au vulgaire, et qu'ils étouffent le bon grain.

« 11.— Il n'est, en somme, qu'un petit nombre de grands esprits, comme il n'est sur le globe qu'un petit nombre de hautes montagnes.

« 12.— La justesse est la première qualité de l'esprit.

« 13.— Il ne se fait rien de grand que par le concours des lumières.

« 14.—Pour suivre une même direction, il faut un seul mobile.

« 15.— La rectification est la voie des progrès.

« 16.— Il faut, dit-on généralement, passer du connu à l'inconnu : oui, mais on obtient ce premier connu par toutes sortes de voies et de moyens ; c'est le bout du fil qu'il faut d'abord trouver, et tirer ensuite soigneusement, en le dégageant de toutes ses entraves.

« 17.— Les choses dont on parle le plus sont presque toujours les moins connues ; il faut s'y arrêter.

« 18.— Sans méthode on ne parvient à rien de grand, ni de complet.

« 19.—La meilleure méthode est celle qui sait coordonner toutes les bonnes ; c'est-à-dire, qui sait choisir, classer et appliquer tous les bons procédés. Tel est le principe et le caractère de la *Méthode française*. »

Notre but étant essentiellement moral, nous croyons devoir finir par les remarques suivantes qui pourront justifier notre plan :

Dans la société civile, tout est abstraction et combinaison. Cependant il semble, d'après l'éducation et les habitudes vulgaires, que tout y soit si simple et si naturel, que chacun de ses membres n'ait besoin que de naître ou d'y entrer pour y occuper convenablement son poste. C'est une bien grande erreur; car, comme la société est une savante théorie morale dont la pratique exacte et immédiate est rigoureusement imposée, il s'ensuit que tous nous devons le plus tôt possible en connaître les principes et les règles, sous peine de ne pouvoir y remplir ce poste ou ce rôle; car le monde, est une scène, mais une vaste scène perpétuelle, à la fois comique et sérieuse, une scène de vérité, une véritable scène dont la scène fictive ou théâtrale n'est qu'une faible imitation partielle, souvent mensongère et toujours exagérée.

Concluons donc que depuis l'enfant jusqu'au vieillard, et depuis le manœuvre jusqu'au souverain, tout être, homme ou femme, qui vivra sans connaissances préalables et sans principes, sera dans l'ordre social une discordance fautive, d'autant plus funeste, que ces fautes d'ignorance ou de duplicité influent sur l'acteur et sur ses collègues, sur le présent et sur l'avenir; car l'avenir a toujours à payer les fautes du présent.

De notre côté, en annonçant des vues et une marche nouvelles, nous sommes loin de prétendre en général condamner ce qui existe. Il y a sans doute à perfectionner; mais ce serait un bien grand malheur si l'on s'éloignait de cette voie, véritable résultat d'un perfectionnement réel. Loin de cette

idée, nous voulons au contraire présenter un ensemble qui mette sur la voie des recherches, et
surtout un centre auquel tout vînt (1) aboutir comme
rayon; en un mot, une *méthode générale* qui man-
quait jusqu'alors et dont nous croyons fermement
offrir la véritable base.

Puisse l'injustice des prétentions et des exigen-
ces ne point me demander plus que je ne puis,
car je déclare que l'étendue de mes promesses n'est
que celle de mes facultés, et que je laisse à de
plus grands génies d'exposer en un seul volume,
et au gré de tous les esprits, l'immensité des choses que j'embrasse.

Mon but dans cet ouvrage, c'est l'effet qu'il
doit produire, même chez ses détracteurs. J'offre
le cadre et le fond, et des moyens pour le remplir,
et n'eussé-je produit que ma méthode pour l'histoire et le tableau d'ensemble, mon but serait en
partie atteint; car, pour qu'il le soit entièrement,
j'ai besoin de l'assentiment, de l'encouragement,
et surtout de la coopération de mes concitoyens.

Je dis la coopération de mes concitoyens; en
effet, si notre méthode est universelle, si nous
lui donnons la qualification de Française, si, en un
mot, nous annonçons tant de choses en si peu
d'espace, c'est que les développements et les détails
s'en trouvent dans le vaste champ de la belle litté-
rature française; c'est que là il existe une infinité

---

(1) C'est avec intention que nous écrivons *vint*.

d'excellents traités, qui par leur isolement deviennent presque ignorés, et qui pourtant ne demandent qu'à être coordonnés pour former un magnifique et précieux ensemble, que les mêmes procédés méthodiques tendraient toujours à perfectionner.

Tel est le grand objet de notre ouvrage, et nous finissons aussi par cette remarque qui doit en même temps justifier un titre, en apparence peut-être trop fastueux, et le mettre véritablement en rapport avec son honorable destination.

FÉLIX LABBÉ.

Paris, ce 21 décembre 1837.

MÉTHODE FRANÇAISE.

INTRODUCTION.

I. Par *méthode* nous entendons, en général, l'ensemble des moyens propres à faire réussir, ou celui des procédés par lesquels on a réussi; d'où il suit que tout ensemble qui n'a point cette propriété ne saurait constituer une méthode.

La *Méthode française*, conçue et dirigée par l'auteur de la méthode Fél, soutenu et secondé lui-même par la Société de la Méthode française, est l'ensemble systématisé de toutes les connaissances humaines, envisagées d'abord comme une seule et même science, puis considérées chacune à part, comme partie de ce grand tout, *et traitées spéciale-ment, quant aux moyens ou procédés de perception, d'étude et d'enseignement.*

A la fois générale et particulière, éclectique et positive, elle a pour *but* le bien-être des hommes, par une juste répartition des lumières ou extension de la vérité; pour *base*, la philosophie morale, religieuse et politique; pour *objet*, la science sociale; et pour *auxiliaire*, une sorte de mécanisme, simple échafaudage qu'on détache de l'édifice, dès qu'il commence à nuire ou qu'il devient inutile.

II. Cette méthode est *figurée*, dans sa plus grande extension; par l'*omnis-formule* (fig. 1), et *esquissée* dans son plan par le tableau 1 — A, dit l'*omnis-tableau*, ou tableau général ou d'ensemble.

III. Elle comporte *quatre degrés* dans sa théorie et dans ses applications, savoir :

1er degré, ou notions élémentaires.

2e degré, ou notions suffisantes pour la généralité.

3e degré, ou perfectionnement.

4e degré, ou science de l'objet envisagé.

IV. *Trois choses* sont particulièrement à considérer dans la Méthode Française : le *mécanisme*, les diverses *applications* et la *partie philosophique*, ou point de vue général (ou le raisonnement d'ensemble).

Le mécanisme et les diverses applications se feront aisément remarquer. Quant à la partie philosophique, les personnes instruites la reconnaîtront, et celles qui ne le sont pas apprendront insensiblement à la reconnaître. Nous en dirons seulement quelques mots :

V. Par *philosophie* de la méthode nous entendons : 1º en général : la somme de la raison humaine, soigneusement recherchée et judicieusement appliquée au perfectionnement de l'humanité, c'est-à-dire au bien-être ou au bonheur des hommes. 2o Dans ses spécialités : les vues rationnelles quant aux différents rapports de détails et d'ensemble.

VI. « En consultant (1) le plan détaillé de la méthode nous y trouvons des objets et des sections formant autant de classes et de comités, que la *société de la Méthode française* aura elle-même à organiser dans son sein, *toujours spécialement, quant aux aperçus et aux procédés méthodiques*, savoir :

VII. —a) *Sept classes d'objets et leurs sections :*
1re Classe : Sciences humaine, naturelle, physique, religieuse;

2e —Sciences sociale, morale, philosophique, politique;

3e — Sciences mathématique, industrielle et commerciale.

4e — Sciences des langues et des littératures.

5e — Voyages, Géographie et Histoire.

6e — Beaux-Arts et Esthétique.

7e —Organisation, Vérification et Rectification.

VIII. —b) *Sept comités et leurs sections :*
1er Comité : Etudes, Recherches et Dépôts.

2e —Objets, Plans et Classification.

---

(1) Extrait du discours prononcé à la première réunion de la Société de la *Méthode Française*.

3e—Invention et Confectionnement.

4e—Application, Enseignement, Progrès et Perfectionnement.

5e—Instruction, Propagation, Rapports et Relations.

6e—Administration.

7e—Statistique des différentes spécialités.

Le temps presse, l'espace manque; impatient d'entrer en matière, nous comptons sur la pensée du lecteur. Les deux dernières livraisons de cet ouvrage, devant coordonner toutes les autres, pourront d'ailleurs répondre aux objections qui seraient faites.

METHODE FRANÇAISE.

1° PARTIE POSITIVE (1).

Perse en ses vers obscurs (2), mais serrés et pressants,
Affecta d'enfermer moins de mots que de sens.

MÉCANISME.

1. — Un *siècle* est l'espace de cent ans.

2. — Les cent années du siècle sont représentées par une *formule* systématique (fig. 3), et cette figure est, quant au mécanisme, la *base* de la Méthode Française.

2° PARTIE DISSERTATIVE (1).

Chez elle un beau désordre est un effet de l'art.

Tout chemin conduit à Rome.

D—(1) CORRESPONDANCE (3).

a) *A l'auteur de la* MÉTHODE FRANÇAISE.

Paris, 15 décembre 1837.

Monsieur, je remédiais au froid que venait de me faire contracter le séjour nocturne d'une diligence qui deux fois

---

(1) A partir de cette page une ligne de démarcation séparera ces deux parties dont chacune devra se lire séparément dans son ordre naturel.

(2) Nous tâcherons, quant à nous, d'éviter l'obscurité.

(3) Les numéros de cette partie seront désormais précédés d'un **D.** qui signifie ici Méthode Dissertative.

3.—Nous appelons *hectocase* la simple formule du siècle, sans les chiffres (fig. 4), c'est-à-dire l'ensemble de vingt-deux lignes, dont onze verticales et onze horizontales, formant un *carré* composé lui-même de cent *autres carrés* appelés *cases*.

4.—Nous appelons *hectannule*, l'hectocase spé-

---

tous les ans me transporte bien régulièrement de Paris à ma cabane départementale, et de ma cabane départementale à Paris. Dans les bras d'un large fauteuil, je ressentais déjà la double influence d'un puissant restaurant et d'un superbe brasier dont mes yeux, secondés de mon imagination, contemplaient les scintillantes merveilles.

Près de moi, sur une table étaient des lettres que je venais de parcourir lorsqu'on vint me remettre votre prospectus. Ma tête appesantie me faisait, il est vrai, désirer le repos, mais en prenant ce papier je pensai qu'une semblable lecture serait un excellent préliminaire pour l'opération à laquelle m'invitait la nature. Cependant tout le contraire arriva, et je ne parvins à m'endormir qu'après avoir épuisé toutes les ressources de mon imagination stimulée par la vôtre.

Maintenant je me réveille et fais ma première occupation de cette lettre, que je vous adresse munie d'un bulletin de souscription rempli de manière à exercer l'intelligence des enfants de vos abonnés qui pourraient y jeter les yeux. Pardonnez cette manie, mais j'ai l'habitude de songer toujours aux petits hommes quand je m'occupe des grands.

Voici le bulletin :

Méthode Française.

BULLETIN DE SOUSCRIPTION.

Je soussigné Zoph'élabore, *domicilié à* Paris, rue de la Paix, n.   , *département de la Seine, déclare souscrire pour* 23699 *exemplaires, moins* 1437408 *livraisons, que je*

cialement destiné à représenter les années communes à tous les siècles (fig. 2 et 3).

5.—Nous distinguons *deux sortes* d'hectannules, *l'hectannule antéère* (av. J.-C.)-(fig. 2), et *l'hectannule postère* (après J.-C.)-(fig. 3).

6. a) Le mot *ère*, en chronologie, est certain *point*

---

paierai en recevant, suivant les conditions énoncées au Pros- *pectus ci-dessus.*

  Ce 15 *décembre* 1857.

    Signé : Zoph'élabore, dit *le Vieux Parisien.*

Veuillez, Monsieur, ne pas considérer le remplissage de ce bulletin comme une froide et stérile facétie. C'est au contraire, de ma part, un premier échantillon de méthode, et, tout bien considéré, un véritable chef-d'œuvre de mon savoirfaire, en faveur duquel je sollicite la rédaction de quelques parties de votre immense et intéressante méthode ; ouvrage dont je sens toute la portée, et que je considère comme le vaste plan d'un de nos plus beaux monuments littéraires. Passant du grand au petit pour revenir à ma souscription, voyez un peu combien d'avantages pourraient résulter de la publication du bulletin que je vous envoie. En effet, vous donnez bien dans votre prospectus un modèle de bulletin à remplir, mais vous n'y donnez point celui d'un bulletin rempli. Par le mien, 1° je pourvois à cette lacune importante.

2° Je fixe l'attention sur le mot exemplaire, dont à la rigueur tout le monde n'est pas obligé de connaître les diverses applications.

3° J'offre à vos jeunes lecteurs différents problèmes à résoudre, par exemple : *Pour combien de livraisons ai-je souscrit dans ce bulletin? Quel est le montant de ma souscription? Dans lequel des douze arrondissements de Paris se trouve la*

déterminé, d'où l'on part pour compter les années
et en former un ensemble, champ de l'ère, dans
lequel ce premier point *sert* à classer, à comparer
et à retenir les faits, dont on peut alors supputer
les dates.

b) Par exemple, l'*Ère chrétienne* ou *vulgaire*

—————————

rue de la Paix? Question bien simple, mais qui a besoin
d'être rappelée quelquefois.

4° Enfin, vous remarquerez que les lettres de mon nom
s'y trouvent dans une conjonction très-favorable à l'horos-
cope de votre entreprise, et qu'une certaine multiplicité de
semblables pronostics en rendrait le succès indubitable.

Voilà, Monsieur, ce que j'ai cru devoir vous faire remarquer dans votre intérêt. Quant au mien, et peut-être
au nôtre, voici ce que je vous propose, savoir : de m'asso-
cier à vos travaux, 1° dans un but d'utilité publique, et
cela très gratuitement ; 2° dans un but d'intérêt personnel, et cela moyennant une bonne et honnête rétribution,
proportionnée toutefois au genre de modification que l'aus-
tère et fantasque grand régulateur pourrait mettre dans
son accueil ; 5° dans un but de pure satisfaction, et cela,
sous l'expresse condition de faire tout ce qu'il me plaira,
passant, à mon gré, sans obstacle, ni recommandation, ni
injonction aucune, des Beaux-Arts à la Théologie, de la Logique à la Diplomatie, des actes du notaire à l'encan du
Châtelet, et s'il m'en prend envie, du boudoir parfumé au
salon tabagique ; en un mot, sous l'unique condition de
pouvoir, en ce cas, libre et franc papillon littéraire, piller,
voler, glaner, louer, reprendre, censurer, et surtout parfois
ne rien faire.

Telles sont, Monsieur, les propositions que je méditai
avant mon sommeil. Si votre réponse m'apprend que vous

étant déterminée par la *naissance de J.-C.*, nous disons, comparativement, que *Louis XVI* monta sur le trône en 1774, et que nous sommes *aujourd'hui* à la fin de 1837.

. c) Quant aux *autres systèmes*, nous en connaissons également les rapports en disant, par exemple, que

---

en faites quelque cas, ma plume et mes services seront à vous, d'une part, jusqu'à la conscience d'un honnête homme ; de l'autre, jusqu'à mon bon plaisir rationnel.

J'ai l'honneur d'être, M. l'Auteur, etc., etc.

Le Vieux Parisien.

P. S. J'oubliais de vous dire, Monsieur, que cette qualification de *Vieux Parisien* me fut d'abord donnée par les gens du pays que j'habite six mois de l'année, et qu'elle me suivit enfin à Paris, où je commence à être plus connu sous ce nom que sous celui de Zoph'élabore avec lequel je vins au monde.

---

b) *L'Auteur de la Méthode à M. le Secrétaire général de la Société.*

Paris, 16 décembre 1837.

Je viens de recevoir une lettre dont la signature me rappelle un nom qu'il me semble vous avoir entendu citer plusieurs fois. Je vous envoie la lettre même, Monsieur, afin que s'il y avait identité de nom et de personne vous ayez la bonté de me dire ce que vous pensez de ce Monsieur Zoph'élabore, et dans quel sens je puis répondre à ses étranges propositions, qui d'ailleurs piquent singulièrement ma curiosité.

Vous savez trop, Monsieur, le besoin que j'ai de vos

l'*ère romaine* date de 753 avant J.-C., et l'*ère mahométane*, ou des Turcs, de 622 après J.-C., et, conséquemment, que l'une commence *avant* l'ère centrale, et l'autre *après*.

7. — J'appelle *ère centrale* l'ère chrétienne ou vulgaire, déterminée par la naissance de J.-C., et servant de *point de départ* pour l'*Histoire avant J.-C.* (antéère), et pour l'*Histoire après J.-C.* (postère).

8. — Conformément à l'ère centrale, j'établis d'abord *deux grandes divisions* dans l'histoire, l'*histoire antéère* (av. J.-C.), et l'*histoire postère* (après J.-C.).

---

avis et combien j'apprécie votre jugement pour différer de me faire connaître votre opinion.

Je vous salue, etc.   FÉL.

---

c) *Réponse à la lettre précédente.*

Paris, 17 décembre 1837.

Vous me demandez mon avis, je vais tâcher, Monsieur, de vous l'exposer en deux mots; n'y déférez d'ailleurs qu'autant que la prudence pourra vous le permettre; c'est en semblable cas ce qu'on peut faire de mieux. Je pense qu'en général M. Zoph'élabore est exactement l'homme qu'il vous faut, et que la proposition qu'il vous fait peut devenir une bonne fortune pour votre entreprise. Quant aux détails, c'est une autre question; vous aurez affaire à l'homme peut-être le plus bizarre qu'il y ait au monde. D'ailleurs son caractère, aigri dès l'enfance, et son esprit croissant à travers les épines, lui donnent des droits à l'in-

9. — L'histoire antéère (av. J.-C.) comprend 4,963 (1), ce qui forme 50 siècles dont 49 complets et un incomplet de 63 ans (planche 4, de 1 à 50 et tableau....). Nous ferons remarquer que le premier est ici le dernier, et le dernier le premier.

10. — L'histoire postère se compose de 19 siècles, dont 18 pleins et un commencé, celui où nous vivons, de 38 ans seulement (planche 4, de 51 à 69 et de I à XIX).

Remarque. Ces premières notions suffisant pour l'intelligence du mécanisme, nous allons y revenir après l'exercice suivant.

———

dulgence, et l'on peut en tirer grand parti lorsqu'on sait le prendre. Maintenant voyez-le; exposez-lui franchement vos questions et vos doutes, et soyez sûr qu'il vous répondra plus franchement encore, car la franchise est son défaut, et vous savez que, dans le siècle courant, ce n'est pas celui de tout le monde. Cet homme fantasque, disant le bien et le mal également, à tous et en tous lieux, selon le cas et sa pensée, se fit, comme vous pouvez le croire, beaucoup plus d'ennemis que d'amis.

Je vous ai dit ce que je sais. A vous le reste, mon cher Auteur. Vous avez une tâche bien difficile. Du courage et de la persévérance, vous en savez l'adresse.

Mes salutations respectueuses, etc.

———

d) *L'Auteur au Secrétaire général.*

J'ai vu notre homme. Oh ! le singulier personnage ! Je l'aurais pris pour un fou, si je n'eusse su que bien des gens à l'air sensé pourraient aller figurer à Charenton. Heureu-

EXERCICE.

11. — Introduction. Sommaire ad libitum des n°ˢ I, II, III, IV, V, VI, VII, VIII.

12. — Exercice sur les dix numéros du 1er chapitre.

1) Un siècle? — 2), *formule d'un siècle* ou siècle figuré?... Base de la Méthode Française. — 3). Hectocase?..... Nombre de lignes?..... Cases? — 4) Hectannule? — 5). L'Hectannule antéère?..... l'hectannule postère? — 6) Ere?.... Point de l'ère?.... Champ de l'ère?.... Faits?.... Dates?......b) Exemple?...... L'Ere vulgaire ou chré-

---

sement notre Vieux Parisien gagne à être connu, et, comme vous le dites raisonnablement, il faut se mettre à sa portée. D'abord nous nous trouvâmes penser exactement de même; puis nos idées se repoussèrent. J'insistai, et voilà que de froid qu'il était il devint de feu. J'attendis paisiblement l'évaporation. Alors je fis quelques remarques qu'il parut goûter; il redevint de mon avis, et finit par dire que j'avais raison, et que mon plan était le plus sage.

Ce plan, Monsieur, vous en avez une idée, puisqu'il est l'origine de la formation de la Société de la Méthode Française. Cependant, comme il n'était pas entièrement esquissé, je n'ai pu jusqu'ici vous le faire connaître que très imparfaitement. Aujourd'hui qu'il est achevé et imprimé, je vous l'envoie, ainsi qu'à M. Zoph'élabore, qui me paraît très impatient de l'examiner.

Vale, ou, si vous aimez mieux, portez-vous bien.

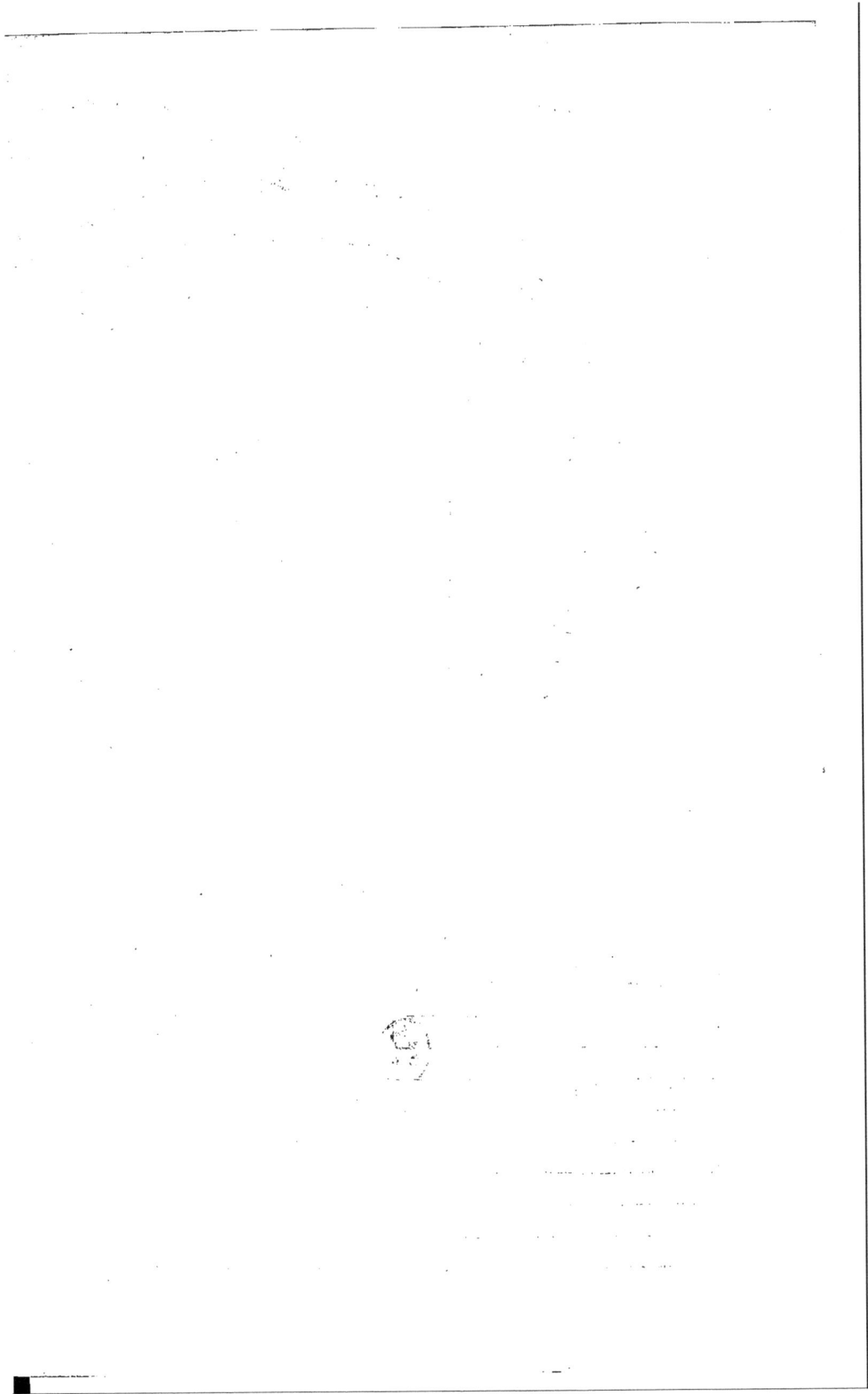

Fig. 1.

L'OMNIS-FORMULE.

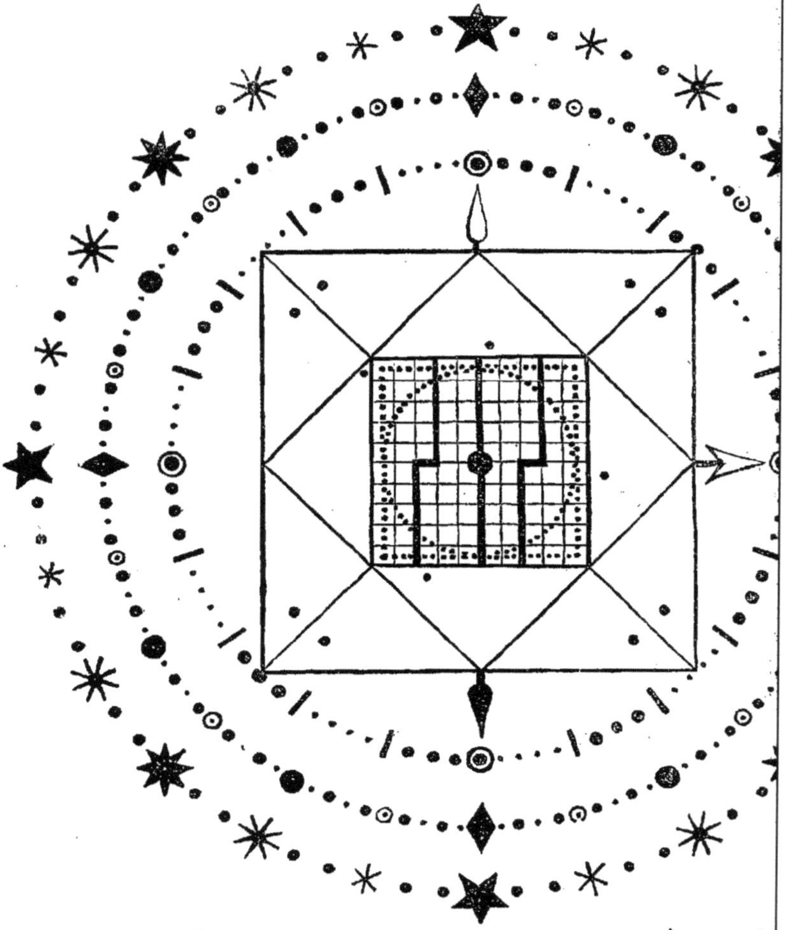

Fig. 4 — a.

HECTOCASE.

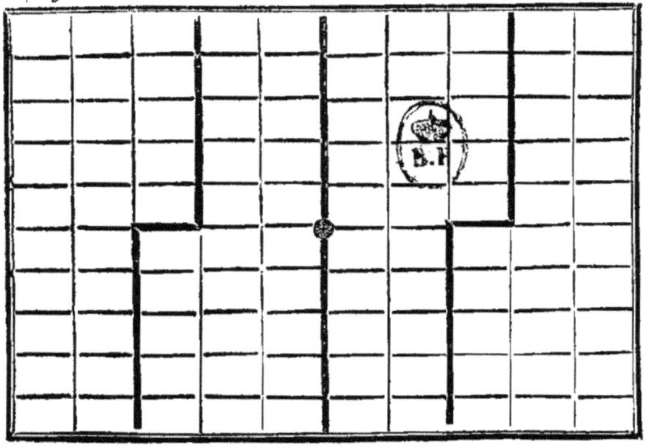

Fig. 5.

A

1	6	11	16	2
2	7	12	17	2
3	8	13	18	2
4	9	14	19	2
5	10	15	20	2
25	20	15	10	2
24	19	14	9	4
23	18	13	8	1
22	17	12	7	6
21	16	11	6	6

C

Fig. 2.   HECTANNULE ANTÉÈRE,   (av. J. C.)

100	90	80	70	60	50	40	30	20	10
99	89	79	69	59	49	39	29	19	9
98	88	78	68	58	48	58	28	18	8
97	87	77	67	57	47	37	27	17	7
96	86	76	66	56	46	36	26	16	6
95	85	75	65	55	45	35	25	15	5
94	84	74	64	54	44	34	24	14	4
95	83	73	65	53	45	35	23	13	3
92	82	72	62	52	42	52	22	12	2
91	81	71	61	51	41	31	21	11	1

Fig. 3.   HECTANNULE POSTÈRE,   (ap. J. C.)

1	11	21	31	41	51	61	71	81	91
2	12	22	32	42	52	62	72	82	92
3	13	23	33	43	53	63	73	85	93
4	14	24	34	44	54	64	74	84	94
5	15	25	35	45	55	65	75	85	95
6	16	26	36	46	56	66	76	86	96
7	17	27	37	47	57	67	77	87	97
8	18	28	38	48	58	68	78	88	98
9	19	29	39	49	59	69	79	89	99
10	20	30	40	50	60	70	80	90	100

D

31	56	44	46
32	37	42	47
55	58	43	48
54	39	44	49
55	40	45	50

B

Fig. 6.

1=1	2=1	3=1	4=1	5=1	6=1	7=1	8=1	9=1	10=1
2	2	2	2	2	2	2	2	2	2
3	3	3	3	3	3	3	3	3	3
4	4	4	4	4	4	4		4	4
5	5	5		5	5	5		5	5
6	6	6		6	6	6		6	6
7		7		7	7	7		7	7
8		8		8	8	8			8
9				9	9				9
10					10				10

Fig. 7 = 4 = 8.

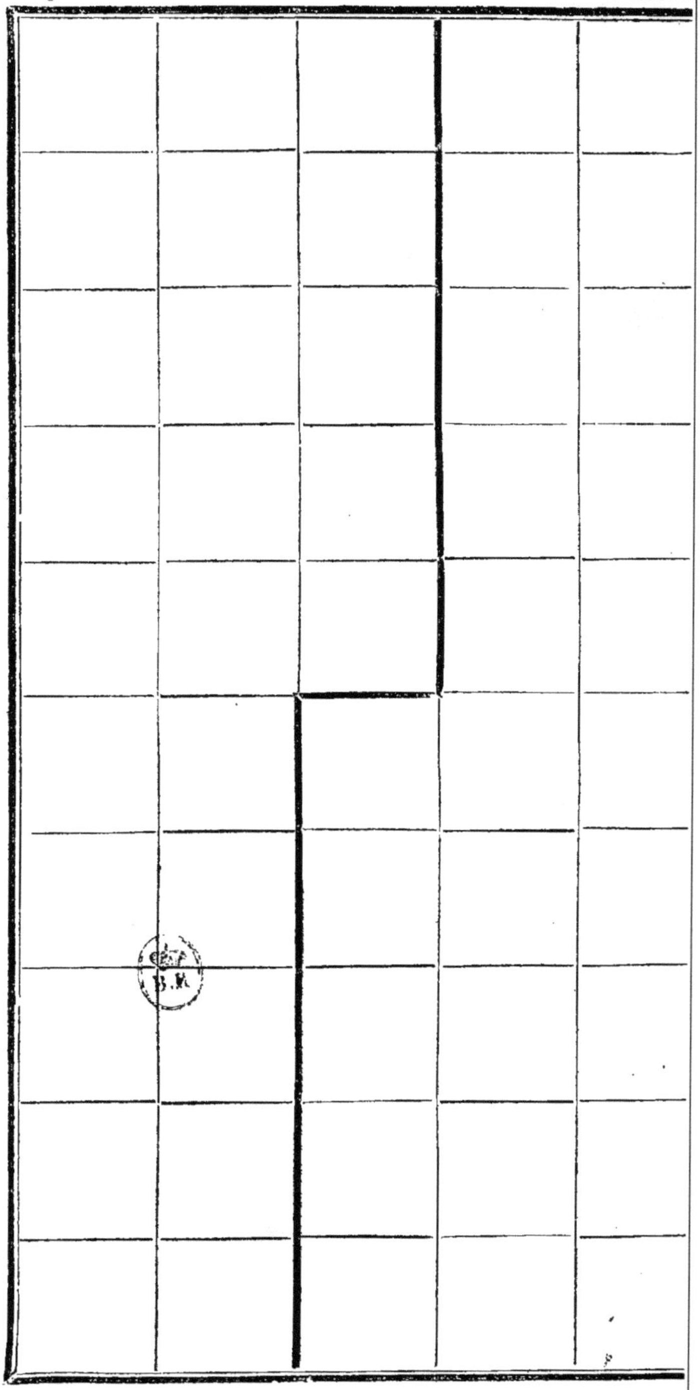

MÉTHODE FRANCAISE
de Mr. Felix Labbé (Pl: 11.)

NOTATION

THÉORIE DE L'HECTOLIGNE ET DE LA NOTATION MUSICALE.

1. L'*hectoligne*, les *notes*, la classification relative des *faits* historiques, et les divers *signes* additionnels, tels sont les objets dont la connaissance et la combinaison constituent la théorie de la notation musicale appliquée à l'histoire.

2. *I.° DE L'HECTOLIGNE.* L'hectoligne est l'ensemble de deux portées musicales réunies par l'accolade et divisées chacune en dix mesures, formant dix colonnes, appelées *Déca. Exemples* 1 et 3.

3. Les dix déca commencent successivement à 1, 11, 21 etc. (fa, 5e ligne en musique) et finissent à 10, 20, 30 etc (mi, 1re ligne). D'où l'on voit que chaque déca se compose de dix lignes, désignées par les chiffres dont elles sont affectées. Ainsi, les dix lignes du premier déca (fa, re, si, sol, mi; fa, re, si, sol, mi;) répondent aux chiffres et aux années 1, 2, 3, 4, 5, 6, 7, 8, 9 et 10.

4. Chaque déca se compose de deux parties appelées *Penta*. Les penta sont *composés de* cinq lignes, ils se *distinguent en* pairs et en impairs. Les penta *impairs* commencent à 1, 11, 21 etc (fa) et finissent à 5 15 25 etc (mi) ils occupent la première portée. Les penta *pairs* commencent à 6, 16, 26 etc fa 2e portée et finissent à 10 20 30 etc (mi 2e portée) ils occupent la seconde portée. Ces deux sortes de penta sont séparés par le grand espace du point central.

5. Or, dix colonnes composées, chacune de dix lignes forment cent lignes; de là, le nom d'*hectoligne*. La théorie numérale de l'hectoligne étant la même que celle de l'*hectocase*, je recommande l'étude de ce chapitre de ma *méthode francaise*. On conçoit toutefois que chacune des cent lignes de l'hectoligne répondant uniformément aux cent années du siècle, ce même hectoligne peut représenter un siècle, telle est en effet sa véritable destination.

6. Chaque ligne partielle est donc la représentation d'une année, comme chaque hectoligne est la représentation d'un siècle.

7. Les interlignes ou espaces ont une destination particulière que chaque étude fera connaître. Les notes n'y paraissent qu'accidentellement. L'ordre correspondant en est de

haut en bas, ut la fa ... 7 8 9 ... *ple* 2.
8. *II.° D...* faits historiq... et du temps doit en cons...
9. Les no... mmes à ... ajoutées. C... tableau suivan...
10. Ces d... pes: 1° les ... 2° les quatr... 3° les quatr... ces notes se...
11. *NOTE...* la droite de ... notes distinct... dent autant d...
12. Aux h... tres à deux ... faits représen... tées et leurs ...
13. Dans ... rapportent au... tes pointées ... du sixième ti... ble croche ... *distrielle*, et ... tif à la *sect...*
14. Les r... dont le subst... sous entendu.
14 bis. Les ... notes du gran...

EXEMPLE **1.** l'Hectoligne.

EXEMPLE **3.** Treizième siè...

13.

Dol. *p.* *f.* Scherz. Sforz. Cres...
Largo. Sostenuto. Maestoso. Vivace. P...

... portées; mi, ut, la, fa, re; mi,
... chiffres 1 2 3 4 5 6
... mier déca de l'hectoligne *Exem-*

Les notes représentent les
double rapport de leur nature
...nt accompli. D'où il suit qu'on
fois la forme et la position.
...nombre de douze dont sept com-
...naître, et cinq que nous y avons
...sont suivies d'une croix dans le

... divisent en trois séries ou grou-
...hes à croches, (1 2 3 4)
...roches, (V, VI, VII, VIII)
...itives, (9, 10, 11, 12). Toutes
... l'addition du point.
...ÉS. En mettant un point à
... douze notes, on obtient les 24
...au suivant, auxquelles correspon-
...de faits généraux.
... doubles notes répondent huit ti-
...n, ce qui forme seize sortes de
...huit premières notes non poin-
...tées.
...uivant les notes non pointées se
...rme du titre respectif et les nor-
...me. Qu'il s'agisse par exemple
...rielle et *Intellectuelle,* la dou-
...un fait relatif à la *section in-*
...croche pointée, un fait rela-
...tuelle.

...huit titres sont autant d'adjectifs
... ou *histoire* est, selon le cas,

...intitulés: Grand système, sont les
...de ma notation historique.

---

15. III.ᵒ CLASSIFICATION RELATIVE DES FAITS HISTORIQUES.

Notes		Noms des notes.	Les douze doubles titres représentés par les douze doubles notes.	Notes pointées	Grand système.	
1		blanche croche. +	Institutive et Maintuitive.			
2		bl. doubl. croche. +	Civile ou nation: et Diplomatique.			
3		bl. tripl. croche. +	Morale et Religieuse.			
4		bl. quadr. croche. +	Maritime et Pérégrine.			
V		croche	Militaire et Dissentionnelle.			
VI		double croche.	Industrielle et Intellectuelle.			
VII		triple croche.	Biographique et Coutumière.			
VIII		quadruple croche.	Locale ou géo. et Statistique.			
9		ronde.	Avenement et Erection.			
10		blanche.	Peuples et Classes.			
11		ronde noire. +	Mort et extinction, ou dissol.			
12		noire.	Faits en gén. et Généalogie.			

Nota. Le tableau suivant est expliqué dans le texte.

16. IV. SIGNES ACCIDENTELS.

{ Voir ma méthode Fr. théorie
des signes et des couleurs.}

#	bien et sup.	∾	g. et camp.	O	int. s. gen.
♭	mal et inf.	♉	b. et s.		inter. nat.
♮	neutre et ind.	∿	p. et Tr.		meurtr. et
<	pro. et ori.	*tr*			pluralité.
	decl. et				
	gr. et			+ × ✕	roy.
	ab. et		interr.		
	pér. et		Et. sit. et stagn.		%.

7 1,2,3,4,5.

10 20 40 100

5 15 95 etc.

---

l'histoire de France de Mr. Ragon in 18. 1839 page 63 à 74.

EX: 2. { Ordre correspondant des
espaces et des notes relatives.

eso. Dimin. Perdend. Morend. Cal. Stacc. *p.f.* *sf.* m.v. m.f.
Ritenuto. Adagio. Allegro. Gracioso. Amoroso. Andante. Affettuoso.

F. Benoit. Grav: Imp:

COURS DIVERS.

Des cours permanents sont institués, par l'auteur même, pour l'exposition, l'explication et les principales applications de sa méthode. Des professeurs sont désignés pour en expliquer les principes et en développer des conséquences.

Un cours normal gratuit, à l'usage des deux sexes, tous les dimanches, de 1 h. à 2 h. (Exposition et explication de la méthode.)

Un cours particulier pour les hommes, tous les mardis, à 7 h. du soir. Des places y sont réservées pour les dames.

Un cours particulier pour les dames, tous les jeudis, à 7 h. du soir.

Les samedis, à 7 h. du soir, réunion des deux cours particuliers pour une conférence relative aux leçons antérieures, ce qui, par semaine, fera, pour chacun de ces cours, deux leçons ayant pour objet l'exposition, les développements et les diverses applications de la méthode française.

NOTA. Les dames qui préféreraient les leçons particulières pourront s'adresser à *Mademoiselle DULAC et à Madame LABBÉ.*

PRIX

DE CHAQUE COURS PARTICULIER,

Deux fois par semaine :

8 francs par mois,
20 francs pour trois mois,
36 francs pour six mois.

Payables d'avance.

ON S'INSCRIT POUR LES COURS

RUE DE LILLE, 17,

tous les jours, de midi à trois heures,

Chez M. FÉLIX LABBÉ, où l'on pourra se procurer des prospectus et les informations nécessaires;

Chez M. Jue, passage Vivienne, 52.

Les Dames peuvent aussi se faire inscrire, rue Ventadour, 4, chez Mlle Dulac, où a lieu le cours particulier pour les Dames.

COURS ET PUBLICATIONS

HEBDOMADAIRES,

Sous les auspices de la Société de la Méthode Française.

(Voir le Prospectus.)

—

1° Cette publication comprendra 48 livraisons, chacune de 16 pages in-8° avec une couverture imprimée.

2° Les tableaux indispensables seront judicieusement comptés à part, comme livraisons, et le prix en sera indiqué dans le texte relatif.

3° Le prix de chaque livraison est de 40 centimes pour Paris, et de 50 centimes pour les Départements.

ON SOUSCRIT A PARIS,

Au Bureau de la Méthode Française,

Rue de Lille, 17;

CHEZ JOHANNEAU, LIBRAIRE, RUE DE L'ARBRE-SEC, 15;

Et chez MM.

Barbe, galerie de l'Odéon, 13;
Bardou, rue de Lille, 31 ter;
Bonnaire, boulevart Poissonnière;
Boulard, rue Saint-Antoine, 116;
Bouquin de La Souche, passage Vendôme;
Bréauté, passage Choiseul, à la librairie des pensions, 39;
Chaumerot, Palais-Royal, galerie d'Orléans, 4;
Delavigne, passage de l'Ancre, 34;
Delaunay, péristyle Valois, 182-183;
Delloye, place de la Bourse, 13;
Madame Vᵉ Desauge, rue Jacob, 5;
Deschamps, galerie Vivienne, 5;
Madame Vᵉ Th. Desoer, rue de Seine, 10;
Ferrier, passage Bourg-l'Abbé, 18;
Foullon, cour du Commerce, 4;

Grimprelle, rue Poissonnière, 23;
Heideloff et Campé, rue Vivienne, 16;
M. Louis Labbé, rue de la Verrerie, 59;
J. Laisné, passage Véro-Dodat;
Leteinturier, rue Baillif, 10 et 12, près la Banque;
Librairie des Écoles, rue Sainte-Marguerite-Saint-Germain, 16;
L. Mame, rue Guénégaud, 23;
Mᵈᵈ. Marcel, rue du Cherche-Midi, 4;
Martinon, rue du Coq Saint-Honoré, 4;
Le Moine, place Vendôme, 24;
Paul, galerie de l'Odéon, 12;
Pilout, rue de la Monnaie, 22;
Poirée, rue Croix-des-Petits-Champs, 3;
Prevost, rue Bourbon-Villeneuve, 64;
Verger, rue Saint-Jacques, 154.

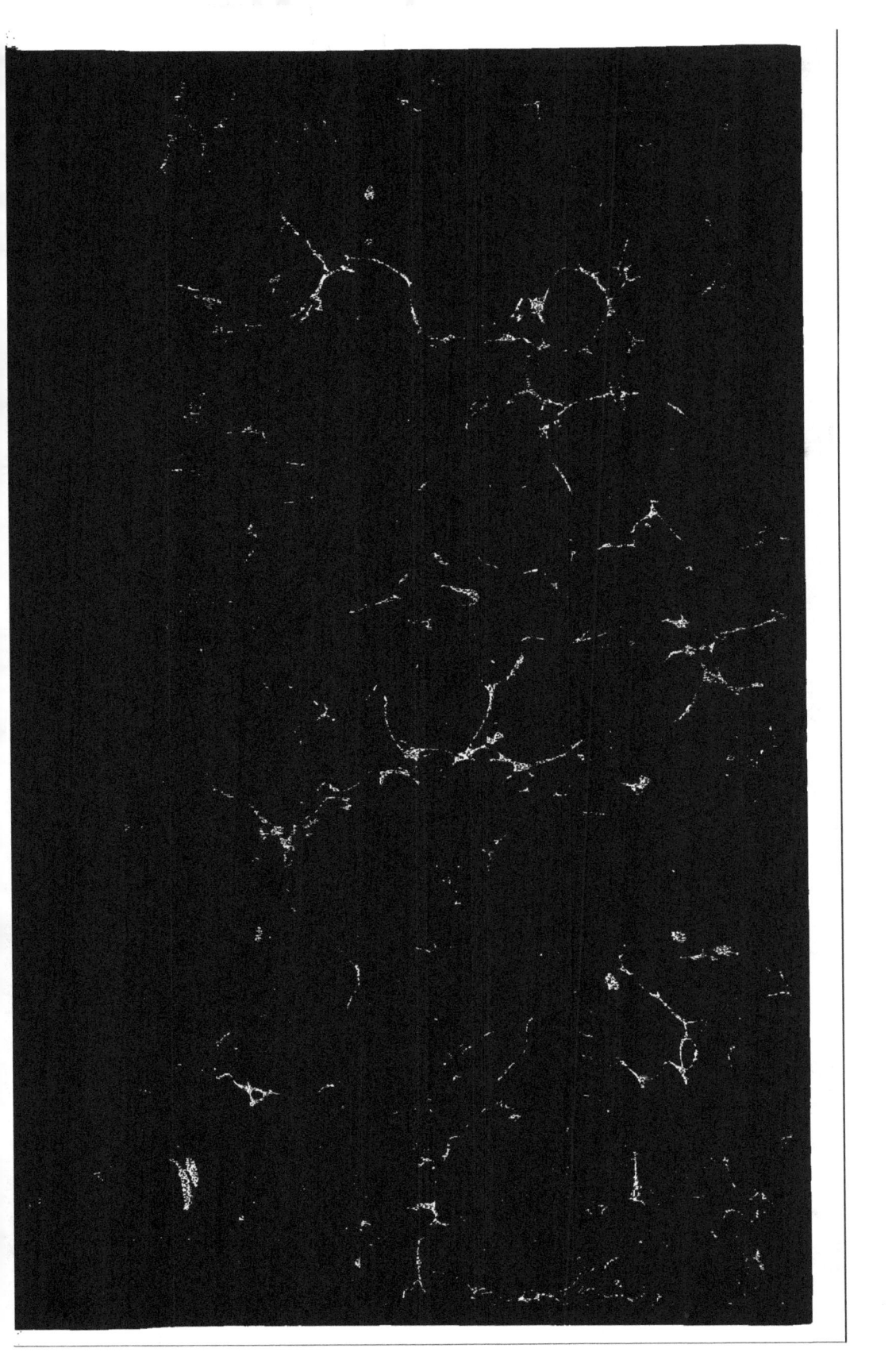

www.ingramcontent.com/pod-product-compliance
Lightning Source LLC
Chambersburg PA
CBHW070942280326
41934CB00009B/1979